Thomas Dunse

Terminierung an Organisation

Aus den Hirnwindungen eines Buchhalters

Gedichte und Prosaskizzen

Thomas Dunse

Terminierung an Organisation

Aus den Hirnwindungen eines Buchhalters

Lyrik und Prosaskizzen

Bibliografische Information der
Deutschen Nationalbibliothek:
Die Deutsche Nationalbibliothek verzeichnet diese
Publikation in der Deutschen Nationalbibliografie;
detaillierte bibliografische Daten sind im Internet
über http://dnb.dnb.de abrufbar.

Lektorat/Korrektorat: Maren Schönfeld
Coverfoto: Laura Dunse

Herstellung und Verlag:
BoD – Books on Demand, Norderstedt

ISBN: 978-3-7583-6442-6

Aus der Lebensbahn geworfen,
wie von einer Kugel getroffen,
schlingerten wir in die größte Angst,
um schmerzlich zu begreifen,
was Hoffnung wirklich bedeutet.

INHALT

Vorwort

Gefangen im Spannungsfeld zwischen nüchternen Zahlen eines Buchhalteralltags und dem so genannten wahren Leben kann ein innerer Raum entstehen, der Kreatives hervorbringt, ohne die sachlich-pragmatische Seite des Verfassers außen vor zu lassen: So hat Thomas Dunse in der Realpoesie, schnörkellos und unverstellt, seine lyrische Heimat gefunden. Er schreibt auf den Punkt, kein Wort zu viel, keine großen Ausschweifungen oder Ausschmückungen überladen seine Gedichte und Prosaskizzen, sondern Kürze und Prägnanz erzeugen lang nachklingende Resonanzen. Dabei fasziniert, dass Thomas Dunse eine starke Berührbarkeit erkennen lässt: Erlebnisse und Erfahrungen wirken tief, viele Gedichte spiegeln nicht nur seine Gedankenwelt, sondern auch seine Be- und Getroffenheit wider. Es gelingt ihm, diese ohne Lamoryanz und Kitsch weiterzugeben, wenn die zunächst vermeintlich harmlos daherkommenden, fein gesetzten Widerhaken im Gedächtnis bleiben und dort nachwirken.

Seine Prägung durch den von ihm verehrten Charles Bukowski ist erkennbar, nicht zuletzt in der satirischen Schreibart der Prosaskizzen. Aber Thomas Dunse setzt sich keine Attitüde á la Bukowski auf, sondern findet seine eigenen Momente in einer realpoetischen Schnittmenge seiner inneren Einstellung und seiner Beobachtungsgabe.

Man kann sich verorten in diesen Texten, man kann sie streitbar finden, über sie nachdenken oder lachen. Man kann sich berühren lassen von schrägen Typen und seltsamen Momenten, einem einsamen Luftballon und einem kritischen, aber immer empathischen Blick auf die Welt.

Maren Schönfeld

Morgen

Das Krankenhaus,
der Kran daneben,
wie ein ungleiches Kreuz.

Zwei Raben bei McDonald's,
Abfall
den wir essen.

Die Schlange der Wagen,
ohne Ende,
ohne Anfang.

Die Sonne,
alles ist in aufgehender
Stimmung.

Schwamm voller Hoffnung

Projiziere alles,
die Musik,
ihre Traurigkeit,
Texte,
den Verlust ansprechend,
auf unsere Zukunft.

Aber auch Hoffnung,
Glückseligkeit,
den einzelnen Moment,
der für ein ganzes Leben
entschädigen kann.

Getrieben von meiner Rastlosigkeit,
der Verzettelung in immer Neues,
in immer Gleichbleibendes,
zu Erledigendes,
lass ich alles in mich hinein,
um es zu verwerten,
um der Situation
neue Aspekte abzugewinnen.

Zu filtern fällt mir schwer,
denn der Hirnschwamm
saugt alles auf,
gibt aber nur
wenig ab.

Halt mich fest,
bevor ich mich verrenne
und im Moor aus Gedanken
versinke,
mögen sie auch noch so
hoffnungsvoll sein.

Es fehlt was ...

Ja, es sind nur die fünf Sekunden der Hand auf deinem Arm
Ja, es ist nur der flüchtige Kuss,
nur der Anruf vor dem Schlafengehen
Ja, es ist nur die kurze Nachricht am Tag,
die Umarmung beim Wiedersehen
Ja, es ist nur die zarte Berührung,
nur das andere Parfum, der andere Duft,
das Lachen, was deine Heiterkeit nährt,
die Meinung, die dich bestärkt, dir hilft,
das Wort, was nur der andere sprechen kann.

Ja, es ist alles, das Leben, die Seele,
zwei Seelen, Gemeinsamkeit,
Zweisamkeit, vielleicht dann auch
Liebe.

Real

Künstlerischer Geist,
umgesetzt durch reales Licht,
Gegenwart,
die einen erstarken lässt,
in den Wellen
der eigenen Anspannung.

Königin der Berührungen

Kurz,
nur wie ein Hauch,
fokussiert,
durch die gewölbten Lippen,
betupfen der sinnlichen Hautoberfläche
in nicht messbarer Zeit
und doch so intensiv.

Die wahre Königin
der körperlichen Berührungen.

Kantig bleiben

Reagiere glatt, ausgeglichen,
ist auch gut so,
aber habe das Gefühl,
etwas zu verlieren,
meine innere Empfindlichkeit,
als würde ein Sender
langsam abgestellt.

Keine Rührungen, wenig Reaktion,
eher überflüssig als tiefsinnig,
das Leben hat mich in seinem Schraubstock,
kriege fast keine Luft mehr,
für andere Dinge, fürs Geistige,
nur in eine Richtung.

Zahlen, Verantwortung,
hoffe verliere nicht alles,
trotz der Ausgeglichenheit,
des „Alles-Schaffens",
irgendetwas geht kopfüber
langsam über Bord.

Werfe mir selbst Rettungsringe zu,
versuche dranzubleiben,
es fällt schwerer als früher,
will kein perfekter Reimer werden,
will kantig bleiben,
Gedanken mit Ecken
die nicht jeder verstehen kann,
verstehen muss.

Nur die mit der inneren Leere
welche gefüllt werden muss,
und nicht die Dahinlebenden,
zu denen ich bald gehöre,
passe ich nicht auf,
lasse ich mein Herz nicht hüpfen,
mein Inneres umgekrempelt.

Lieben

Ein Vater streichelt den Kopf seines Sohnes,
ein Vater nimmt seine Tochter auf den Arm,
ein Vater spielt mit seinen Kindern,
nicht alle Väter sind Schläger, Schänder oder Schusselköpfe,
denn sie lieben ihre Lieben.

Brutalsauger

Ich glaube, ich bin ein ganz passabler Hausmann. Bis auf Waschen, Bügeln und Blumenpflege kann ich so ziemlich alles erledigen. Die Kinder zu versorgen, nervt mich zwar, kriege ich aber hin. Ein Abendessen für zwei kann ich auch – wenn ich Lust dazu habe.
Meine eigentlichen Aufgaben sind aber die zwei großen B´s. Bad und Bäder.
Frauen hassen es die Bäder zu putzen. Ich hasse es auch, bin aber bereit bis zum Äußersten zu gehen. Mit der Hand (ohne Handschuhe versteht sich) in die Kloschlüssel, damit auch die letzten Verkrustungen entfernt werden, unter dem Rand alles herausputzen, damit auch der letzte Brocken im Abfluss landet. Haare, Schuppen, Hautreste, alles muss verschwinden. Meine Hauptaufgabe aber, mein Hauptaugenmerk liegt auf den groben Schmutzresten im ganzen Haus. Auf den sich sammelnden Staubflusen, auf dem immer wiederkehrenden Verschmutzungseffekt, der auf Teppichen, Fliesen und Laminat mindestens einmal die Woche bekämpft werden muss. Dazu bediene ich mich modernster Technik. Ich arbeite mit dem Staubsauger.
Allerdings bezeichne ich mich selbst als Brutalsauger. Das liegt an der Art wie ich sauge, denn die meiste Arbeit macht nicht das Saugen selbst, sondern das An- und Wegbewegen von Dingen, die dem Saugprozess im Wege sind. Denn auch hier gehe ich bis in die äußersten Ecken, um sie vom Schmutz zu befreien. Auf den großen

Flächen ist der Staub leicht, er ist zugänglich, aber in den Winkeln, da sitzt er wochenlang. Er hat Gelegenheit sich zu vermehren, er geht Koalitionen ein mit Spinnen und Kellerasseln, er verfärbt sich und wird klebrig. Hier muss der Saugende richtige Schwerstarbeit leisten. Er muss mit allem rechnen. Ich schwinge in diesen Ecken das Saugrohr wie eine Axt, wenn ich gerade den Papierkorb mit links anhebe und mit rechts zuschlage. Ich drücke mit aller Kraft in die Fläche, so als wollte ich den Boden spalten, damit auch dieser Flecken des Arbeitszimmers staubfrei wird. Setze ich dann die spitze Spezialtülle auf, wird das Saugrohr zum Schwert.

Ich schneide in die Gummilitzen, die die Ränder der gefliesten Böden abdecken und meist den Staub geradezu anziehen und aufsaugen. Den Saugapparat selbst beschimpfe ich hingegen wie einen Knappen. Ich trete und stoße ihn, und wenn er mir nicht schnell genug folgt auf seinen drei Rädern, dann schreie ich ihn an. Bleibt er an einer Ecke hängen, dann bearbeite ich ihn mit Fußtritten, damit er spürt, wer der Herr im Haus ist.

Wenn ich mit einem Raum fertig bin, sieht es hinterher aus wie auf einem Schlachtfeld. Quergelegte Teppichbrücken, verstellte Stühle, vom Tisch gerissene Decken, Vasen am „falschen" Platz, zusammengerollte Vorleger in Bad und WC. Den Saugapparat lasse ich ebenfalls links liegen – ich kenne kein gutes Wort für ihn.

Freunde und meine Familie glauben, ich übertreibe leicht – aber ordentliches Saugen erspart viel weitere Arbeit. Trotz allem wird meine brutale Art überhaupt nicht geschätzt. Ein oder zwei Gläser, ein paar Teelichter und einige Dekorationsartikel sind zwischen das Saugrohr und den eigentlichen Saugapparat geraten. Zu schnelle Drehungen und eine gehörige Portion Verachtung gegen alles, was Schmutz annimmt, außer natürlich CD-Player, Stereoanlage, Fernseher und DVD-Gerät, sorgen eben manchmal für eine „Tötung" durch Freundeshand.

Mein größter Feind, neben allem Staub, Hautschuppen, Haaren und Partikeln, ist die gemeine, dunkle Hausspinne. Nicht der filigrane Weberknecht mit seinen langen Beinen – er flieht, bevor ich erscheine. Nein, die schwarze, dicke, schnelle Kellerspinne, die eigentlich jeder ekelerregend findet. Wie bereits erwähnt – sie ist schnell und sie ist nicht dumm. Sie nutzt Deckungen aus und stellt sich erfolgreich tot. Mit der breiten Klopf- und Saugtülle kriegt man sie am besten. Der Unterdruck des Saugers hält sie fest. Man sollte unbedingt überprüfen, ob sie in den Spinnenhimmel entfleucht ist. Der Reinigungsaufwand ist nahezu gering im Gegensatz zu einer Spinnenjagd quer durch den Raum.

Wer noch weitere Anregungen und Tipps benötigt, kann sich gern bei mir melden.

Heiß und Kalt

Ein Wort an falscher Stelle,
hab es sofort bemerkt,
schwammen davon meine Felle,
alles und nichts geklärt.

Brauchte es gar nicht zu versuchen,
war von vornherein klar,
konnte mich nur verfluchen,
dass ich so verdreht war.

Ein Kompliment sollte es werden,
ging daneben, so richtig extrem,
konnte auch nichts mehr verbergen,
hatte nun ein großes Problem.

Werde sie nicht wiederholen,
diese Worte, so falsch gesetzt,
habe Seele und Liebe gestohlen,
habe dich verbal verletzt.

Hoffe diese paar Zeilen,
heilen ein wenig den Schmerz,
will diesen Tag mit dir teilen
und hoffe auf dein ...

MinutenStille

Unheimlichkeit in der dritten Poesie,
Gedankensalat unsortiert,
betrunkene Halbkinder in der Straße,
wird mein Herz wieder schwer.

Aufgaben eines Vaters
stehen nicht im Zenit,
selbstverständlich in dieser Zeit,
die niemals ruhen mag.

Versuch des eigenen Mittelpunktes
finden – heraus,
muss ich doch aufgeben
gegen die lauten Anstrengungen.

Draußen

Regen,
aufkommender Wind,
aber nur in einer Höhe,
unten ist's still.

Blätter,
noch zu viele,
am Baum an der Ecke,
wie kommt das?

Schemen,
real oder nicht,
bewegen sich durchs Geäst,
was weiß man.

Angst,
keine empfunden,
und doch unsicheres Gefühl,
wer ist bei uns?

Platz

Er erreichte den Platz. Von weitem sah es aus wie eine Ansammlung von Holz. Beim Näherkommen erkannte er verschiedene Baumstämme, die, zur Hälfte aufgeschnitten, Tische und Stühle ergaben. Eine Feuerstelle war in der Mitte angelegt. Einige alte Zweige und Schilf lagen darauf. Er hatte diesen Ort noch nie bewusst wahrgenommen.

Sein Blick wanderte geradeaus. Die Elbe war über die Ufer getreten. So bildete sich zwischen Strand und Schilf eine Art kleiner See, in dem zwei Bäume aus dem Wasser ragten. Das Schilf wirkte wie eine Wand zwischen Fluss und Ufer. Es sah eher aus wie in den Everglades von Florida als einem Strandabschnitt der nordniedersächsischen Elbe. Nur die Enten, die auf dem Fluss dahinsegelten, denn schwimmen konnte man ihr Tun nicht mehr nennen, da der Wind zu stark war, ließen ihn diesen Gedanken wieder schnell vergessen. Er hob seinen Kopf, um die absolut klare Luft einzuatmen. Es war gut, hier zu stehen. Der Wind wehte ihm den leichten Nieselregen ins Gesicht, aber es machte ihm nichts aus. Seine Jacke, seine Schuhe waren gefüttert. Er war für dieses Wetter gerüstet – wie alle Norddeutschen. Das machte ihn stolz. Dieser Gedanke machte ihn stolz. Die Norddeutschen. Dieser spezielle Menschenschlag, der angeblich immer etwas miesepetrig und unfreundlich ist. Unfreundlich zu Fremden, vielleicht, dachte er, aber hier sind Freunde noch Freunde. Er hatte einmal drei Jahre im Rheinland, in Köln gelebt. Er mochte Köln nicht, seine Frau mochte Köln nicht, seine Kinder würden es auch nie mögen, er würde niemals mehr aus Norddeutschland weggehen. Es war damals schon so weit gekommen, dass er in Köln nur noch Produkte kaufte, die aus Norddeutschland stammten. Er versuchte wirklich allen Ernstes „Harburger Brot", eine Art Weizenmischbrot mit hohem Weizenanteil, dort zu bekommen. Die Verkäuferin hatte nur ein ungläubiges „Was wollen see haben?" herausgebracht, wobei es ihn nur noch mehr bestätigte endlich nach Hause zu kommen. Nach Hause – nach Norddeutschland.

Der Wind peitschte die Elbe immer mehr in diese kleine Furt zwischen Wasser, Schilf und Ufer. Es war gut, hier zu stehen.

Seine Gedanken verloren sich auf den kräuselnden Wasserbergen, die diesen Ort umgaben. Ein Containerschiff von erstaunlicher Schnelligkeit glitt durch seinen Blick. Die Wellen wurden höher und schlugen immer energischer an die Ufer. Er begutachtete seine Kleidung, die vom feuchten, matschigen Weg befleckt war, und die Schuhe, die voller erdiger Spritzer waren. Die Sonne brach rechts hervor, sodass sie einen der wasserbefluteten Baumstämme in einem unheimlichen Goldlicht erschienen ließ.

Jetzt fehlen nur noch die Geister des Schimmelreiters, dachte er bei sich, dann ist dieser Platz perfekt. Er mochte den Schimmelreiter, die Novelle von Theodor Storm, die so viel Norddeutsches, so viel Unheimliches in der Erzählung barg. Egal auf welchem Deich man sich befand. Bei entsprechendem Sturm und dunklen Wolken konnte man sich überall das weiße Pferd mit dem schwarzen Reiter vorstellen. Er dachte an die Kinovorstellungen aus seiner Jugend. Der westliche Schimmelreiter war ein amerikanischer Schauspieler gewesen, der ostdeutsche Schimmelreiter, den er nach der Wende einmal im Fernsehen gesehen hatte, war viel besser gewesen, weniger Trick, aber näher an der literarischen Vorlage. Er schaute noch einmal durch das Schilf auf die Elbe, auf das gegenüberliegende Ufer einer bekannten Elbinsel, und drehte sich dann abrupt um. Seine Frau war schon weitergegangen. Er durchschritt den leicht feuchten Rasenvorplatz und lief ihr nach. Er küsste sie zart. „Schatz, ist es nicht schön, dass wir hier wohnen."

Der Normale, der Andere

Einsam
hängt der Ballon am Verkehrsschild,
die graue Automasse zieht an ihm vorbei,
der Normale treibt sie dazu,
lässt sie immer wieder den gleichen Weg fahren,
jeden Tag.

Einsam
hängt der Ballon am Verkehrsschild,
der Wind treibt ihn hin und her,
er ist ein Überbleibsel der Nacht,
der Feste, des Anderen,
er lässt die Menschen anders sein,
verrückter, ausgelassener.

Einsam
sind die Gedanken der Masse,
die sich ihren Weg bahnen,
zur Arbeit, zum Job, zur Schule.
Einige waren vielleicht dabei,
als der Andere ihr Treiben bestimmte,
vielleicht hat einer von ihnen, sogar den Ballon
aufgehängt.

Ansteckungsgefahr

Schriftsteller, die nicht mehr anklagen möchten
die nur noch reflektieren wollen,
keine klaren Aussagen,
im Hintergrund bleiben.

Wo ist diese Welt angelangt,
wenn die sogenannte Intelligenz
nicht mehr aufstehen möchte,
sondern das Handwerk des Protestes
Politikern überlässt.

Ein Witz, eine Farce,
eine Ohnmacht,
vor so viel Satt- und Selbstzufriedenheit.
Lassen wir uns davon nicht anstecken.

Erwartet

Ständedenken,
das Haben herrscht vor,
der Zuchtstall ausschlaggebend,
für ein Leben
in unserer Zeit,
die eigentlich als aufgeklärt
und befreit
von jeglichem Kastendenken
und Verhalten
sein sollte.

Die Erfahrungen und Lehren
aus Jahrtausenden,
Obrigkeitssystemen und
Untertaneinteilungen
verpuffen im Nichts
der Biederkeit und Angepasstheit,
der sogenannten mittleren Ebene,
die ich persönlich als erfahrener,
aufsässiger und nachdenklicher
empfunden und erwartet
hätte.

Handlungsweisen

Abgedreht sind die Handlungsweisen,
dabei kann von Weisheit keine Spur sein.

Alkoholisiert sind die geschwängerten Gedanken,
dabei hatte ich seit Wochen keinen Verkehr.

Realitätsverlust wird mir bescheinigt,
dabei weist meine Bilanz einen Gewinn aus.

Unausgeglichenheit führt zu Schreibintensität,
das kann ich leider nur bestätigen.

Grand Prix

Corinna Juli hatte die Vorauswahl zum Grand Prix de la Chanson gewonnen. Beim dritten Anlauf hatte es endlich geklappt. Besonders gut tat dieser Sieg ihrem alternden Manager und Freund Ralf Stempel, der sie schon immer als Königin des Schlagers gesehen hatte. Corinna Juli stand recht hilflos auf der Bühne, aber ihr Gesang, ihre Stimme überzeugte jeden Zweifler. Sie trug stets eine getönte Brille, was ihr ein etwas unnatürliches Aussehen verlieh.

Beim Auftritt in einer großen deutschen Samstagabendshow sang sie zusammen mit ihrem Manager ein Lied, welches kein Schlager war, sondern aus dem Hardrockbereich stammte. Ihre Stimme überzeugte wieder, doch sie sang, trotz mehrerer Unterbrechungen des Moderators, immer weiter. Auch ihr Manager, der ganz im Hardrockrausch Akkordeon spielte, versuchte sie zu beruhigen – leider vergebens. Corinna Juli sang und sang. Sie bemerkte nicht, dass sie niemand mehr begleitete, sie sang immer weiter. Erst als ihr Manager sie auf einen Stuhl drückte, hörte sie auf. Der Moderator stellte ihr danach eine simple Frage, aber sie blieb stumm. Der Zwischenfall wurde durch eine einigermaßen witzige Überleitung zum nächsten Programmpunkt überspielt.

Nach der Show verließen alle Gäste und Stars den Veranstaltungsort, nur Corinna Juli saß mit versteinerter

Miene auf dem ihr zugewiesenen Stuhl. Der Moderator sprach sie an, aber sie reagierte nicht. Erst als ihr Manager sie leicht am Rücken berührte, erhob sie sich etwas steif.

Die beiden waren auf der anschließenden After-Show-Party nicht mehr zugegen.

Dann kam der große Tag des Grand Prix. Deutschland startete an fünfter Stelle. Corinna Juli betrat die Bühne und sang souverän und einwandfrei den deutschen Song. Nur, als die Musik aufhörte zu spielen, sang sie immer weiter. Zuerst fiel es im Applaus des Publikums nicht auf, doch als auch der verstummte, mutete das Ganze recht seltsam an. Das stumme Publikum starrte sie an, sie sang und sang – erst als ihr Manager auf die Bühne trat und sie leicht am Rücken berührte, verstummte sie. Da Corinnas Mikro immer noch aktiv war, hörte der ganze Saal die Worte: „Scheiße, die Ohrsensoren tun's nicht mehr!"

Deutschland gewann den Grand Prix zum Glück nicht, sodass ein weiterer Auftritt von Corinna nicht mehr sein musste. Man hörte gar nichts mehr von ihr – nur den Nachfragen der deutschen Boulevardpresse konnte Ralf Stempel nicht entgehen. Er erzählte irgendetwas von Hörsturz und Konzentrationsschwäche, aber Corinna Juli sah man nie mehr wieder.

Drei Jahre später stellte Ralf Stempel ein völlig neues Talent vor. Es hieß Rudolf September und bediente die Sparte Herz/Schmerz á la Engelberg. Es war wieder in der Samstagabendshow, als Rudolf September auftrat. Er begann voller Inbrunst zu singen, doch dann klang seine Stimme auf einmal dunkel und monoton. Ralf Stempel lief auf die Bühne und klopfte auf den Rücken von Rudolf September, aber er hörte nicht auf. Die Stimme klang nur noch metallen und das Unterbrechungszeichen rettete die TV-Zuschauer vor einem unschönen Ereignis.

Die Zuschauer in der Veranstaltungshalle allerdings bekamen alles live mit. Rudolf September fiel hin, er sang dabei aber mit seiner verzerrten Stimme weiter, der Moderator und Ralf Stempel versuchten ihn aufzurichten, aber er stürzte wieder. Als auch noch ein Auge aus seinem Kopf rollte, ging eine Panik durch das Publikum. Alles stürzte übereinander, aneinander, gegeneinander. Nur dem rechtzeitigen und professionellen Einsatz des Sicherheitspersonals ist es zu verdanken, dass nichts Dramatischeres passierte. Und ein einäugiger, krächzender Rudolf September lag am Boden, während Ralf Stempel wie ein Berserker auf seinen Rücken eindrosch. Die Boulevard-Presse brachte es auf den Punkt: „Chaos bei Spielshow – Ralf Stempel ins Ausland geflohen".

Die Untersuchungen ergaben, dass Rudolf September ein Cyborg war, ein dem Menschen nachempfundener Organismus, mit einem KI-gesteuerten, elektronischen

Gehirn. Als man in die Villa von Ralf Stempel eindrang, entdeckten die Ermittler auch Corinna Juli, die Gruppe Dschingis Khan und, was das Schlimmste für alle Deutschen war, Nicole, die den Grand Prix zum ersten und einzigen Mal für Deutschland gewonnen hatte. Sie alle lagen, unter Schutzatmosphäre verpackt, im Keller der Stempelschen Villa.

Deutschland wurde für zehn Jahre vom Grand Prix de la Chanson ausgeschlossen.

Terminierung an Organisation

Roter, gegorener Traubensaft,
aus Frankreich stammend,
glättet meine zerfaserten Nervenenden.

Sinnesflut,
aus Bildern und Worten bestehend,
lässt keine innere Ruhe aufkommen.

Verqualmtes Denken,
entstanden durch kubanischen Rauch,
vermag ich nicht mehr aufzuhalten.

Terminierung an Organisation,
geköchelt in der Gourmet-Küche,
aus den Zutaten meines verhirnten Großmarktes.

Tür und Thor

Der Nebel senkte sich über die Vorstadt. Draußen wurde
es feucht. Es war November.
„Magda, ich geh duschen!"
„Ok, aber nicht so lange."
Prada wollte sich gerade ausziehen, als er es hörte.
Klasenk, Klasenk, Klasenk – dann Stille, wieder Klasenk,
Klasenk, Klasenk – Stille.
Komische Schuhe muss da jemand haben, dachte Prada.
Wieder Klasenk, Klasenk – Stille.
Kam es näher? Prada eilte nach oben.
Er horchte genauer – Klasenk, Klasenk.
„Magda, hörst du es auch?"
„Nein, was überhaupt ?"
„Na, das ... !"
Klasenk, Klasenk, Klasenk, Klasenk – jetzt schneller.
Es kommt doch näher, es kommt näher, dachte Prada.
Er stürzte zur Haustür, riss das Schlüsselbund vom Brett
und schloss die Tür ab.
„Mintjen, was hast du?", fragte seine Frau.
„Na, hör doch mal!"
Klasenk, Klasenk, Klasenk ...
„Ja, Mintjen, da geht jemand, und?"
„Er oder es kommt zu uns!"
„Ach, was du wieder hast. Ich bring Etienne ins Bett."
„Ja, mach das."
Dann klingelte es.

Prada blickte erstarrt zur Tür, seine Frau mit dem Baby auf dem Arm guckte ihn verwundert an. Prada zuckte mit den Schultern. Die Geste seiner Frau war eindeutig – die Tür aufzumachen.

„Wer ist da?" Pradas Stimme dünn und belegt.

„Kolk ist mein Name, können sie mir weiterhelfen, ich habe mich verlaufen."

„Wo wollen Sie denn hin?"

„Nach, ach, ich kann das hier draußen nicht erkennen, es steht auf einem Zettel."

Einen Augenblick sagte niemand etwas. Magda schüttelte verneinend den Kopf, aber Prada hob die Schultern und öffnete die Tür einen Spalt. Er erblickte die Statur eines Riesen, breit, mächtig.

„Ich zeig es Ihnen gern, im Licht."

Prada öffnete die Tür ein kleines Stückchen weiter.

Seine Frau verschwand im Kinderzimmer. Gut so, dachte Prada, sie sind in Sicherheit.

Im Lichtschein durch die halb geöffneten Tür, konnte er ihn genauer erkennen.

Schwerer Mantel, langer Schal, ein riesiger Kopf, lange Haare, Bart.

„Hier, sehen Sie." Prada wurde eine Pranke mit einem Zettel entgegengestreckt.

Er blickte auf das zerknitterte Schriftstück.

„Ach, in die Brandnitzallee, ja, die ist gleich gegenüber und Haus 14 gleich am Anfang."

„Danke für die Hilfe", sagte der Mann, der Kolk hieß, „auf Wiedersehen."

„Ja, einen schönen Abend noch", antwortete Prada und sah noch im Lichtspalt, dass der Mann einen Klumpfuß hatte und das Bein nachzog.
Die Tür vom Kinderzimmer öffnete sich.
„Ist er weg, was wollte er?"
„Den Weg wissen, mehr nicht", sagte Prada und schüttelte nur den Kopf.
Prada begab sich wieder an den Ort, den er vor dem Zwischenfall verlassen hatte.
Er hörte noch das Klasenk, Klasenk, aber es entfernte sich.
Seltsamer Typ, dachte er bei sich.

Das Badezimmerfenster über seinem Kopf drohte zu zerbersten, ein Dröhnen und Schütteln ging durch das ganze Haus. Parfumartikel fielen vom Regal, der Spiegel wackelte.
Prada war sofort angezogen, lief auf den Flur. Etienne war durch den Himmel an seinem Bettchen geschützt, seine Frau hatte einen Glassplitter im rechten Unterarm.
„Was ist jetzt?", fragte sie mit dünner Stimme.
„Eine Explosion, scheinbar."
Die Wunde am Arm seiner Frau blutete.
„Ich hol einen Arzt!"
„Nein, sieh erst nach was da los ist, guck schon, bei mir ist es nicht so schlimm."
Prada öffnete die Tür und schaute raus. In dem Nebel stieg irgendwo Rauch auf, ein helles Flackern war ebenfalls zu erkennen – ein Haus brannte. Prada lief wieder hinein, griff zum Telefon.

„Ja, Feuerwehr, hier Prada, ein Brand, hier in der Vor-
stadt. Wo? Ja, ich glaube, es ist in der Brandnitzallee,
schätze Nr. 14."

Schlimmste

Das Biedere, das Angepasste, das Bequeme
ist das Schlimmste, was uns passiert,
nicht im Handeln, nicht im Tun,
sondern im Denken der Menschen.

Kuscheltiere

Sie hatten sie dort hingelegt. Leider waren sie jetzt feucht, nass und klamm. Ich mag sie so nicht sehr gern. Trotzdem bin ich froh sie zu haben, denn ich kann mit ihnen spielen. Sie haben sie an die Stelle gelegt, an der ich schlafen musste. Alles war auf einmal da gewesen. Ich sah Mama, Papa und auch Florian, meinen Bruder. Von da an weiß ich nichts mehr. Den plüschigen Elch finde ich besonders schön. Warum waren sie nur so traurig gewesen, als sie die Stofftiere dort hinlegten. Ein Kreuz aus Holz hatten sie auch mit dabei. Komisch war das alles.

Immer wenn ich ihnen zurief, dass ich hier am Rand der Schienen stehe, hörten sie nicht. Ich versuchte sie festzuhalten, aber es gelang mir nicht. Was war mit mir? Florian!, hatte ich gerufen, Florian! Aber Florian guckte nur nach unten. Mein kleiner Florian.

Die Ente sieht auch lustig aus. Ihr Fell ist allerdings nicht so schön weich wie das vom Elch. Ich kann gehen, stehen, aber ich komme nicht vom Fleck – ich bleibe hier am Bahndamm. Es ist lustig, wenn der Zug vorbeirast – hui, wie das weht. Auf die Schienen stelle ich mich nie wieder. Es war so ein hartes Gefühl. Und die vielen Leute, die dann aus dem Zug kamen, als er anhielt. Sie sahen alle verschwommen aus, wie tanzende Lichter.

Dabei wollten wir nur Fangen spielen. Papa und Florian liefen hinter mir her, sie hatten mich beinahe erwischt, als ich durch die Lücke in der Hecke auf die Gleise lief.

Ich weiß noch, wie Papa rief, ich solle zurückkommen, aber dann war da der harte Schlag gegen meinen Kopf. Mir ist nicht kalt, obwohl ich nur meine kaputte Hose und meine Jacke mit nur einem Ärmel anhabe. Mama wird bestimmt schimpfen, wenn ich so nach Hause komme. Aber ich kann nicht nach Hause. Das verstehe ich nicht. Komisch. Heute will ich es noch einmal versuchen.

Farben

Wie kann es sein,
dieses klare Erwachen
im morgendlichen Orange.

Wie kann es sein,
diese unheimliche Anstrengung
im abendlichen, kalten Blau.

Wie kann es sein,
diese fokussierte Freude
im grünen, warmen Salon.

Wie kann es sein,
dieses Leben mit Verlusten,
grau wie mein Anzug.

Viel

Ich nahm von der Rolle Papier
viel

denn es war nicht gerade
stabil

und so riss und zerrte ich ohne
Stil

denn es war mir
subtil zu
viel.

Ich nahm von der Rolle Papier
viel

Harndrang

Er knipste das Licht an, öffnete seine Hose und spürte sofort das Kribbeln an seinem Bein.
Das Kribbeln wanderte, es wurde zum Krabbeln.
Mit einem harten Reflex schlug er auf seine nackte Wade.
Er sah in die Ecke. Dort saß sie – eine Heuschrecke, von der Größe, wie man sie nur im Mittelmeerraum vorfindet. Kurze Gedanken von Pol-Erwärmung und subtropischer Artenvielfalt durchzuckten sein Gehirn.
Hose wieder zu.
Er besorgte ein Glas aus der Küche, und nach mehreren Versuchen gelang es ihm, den grünen „Spring-ins-Feld" nach draußen zu transportieren.
Er schloss das Badezimmerfenster und beschwerte sich im Geist über seine Frau.
Hose wieder auf.
Endlich die Erlösung und doch hatte er das Gefühl beobachtet zu werden.
Noch im Wasserlassen drehte er sich langsam um.
Bei Aufregung und Erregung unterdrückt der männliche Körper automatisch den Harndrang – die Wand hinter ihm war voller grüner, harter Leiber. Sie begannen ihre Hinterbeine an ihren Körpern zu reiben und ein ohrenbetäubendes Zirpen erklang.
Er schaffte es noch die Hose zu schließen, zog die Spülung, stürzte auf die Tür hinter sich zu, als circa siebzig Leiber auf ihn herabfielen.

Er spürte ihre Chinin-gepanzerten Körper, ihre punktartigen Facettenaugen schienen ihn anzuglotzen, ihre Kiefer gruben sich in sein Fleisch.
Schreiend stürzte er aus der Eingangstür, als er auf eine Heuschrecke trat – Blut und Innereien spritzten – und der klebrige Blei brachte ihn zu Fall.
Sie sprangen hinter ihm her, einige waren sogar noch auf ihm.
Ihre Bisse schmerzten, ihr Krabbeln und Kitzeln brachte ihn um den Verstand. Er stand auf, lief weiter, Richtung Straße, die grüngepanzerte Meute hinter sich.
Seine Frau war an diesem Abend nicht zu Hause.
Als sie am nächsten Tag die Wohnung betrat, war er nicht mehr dort.
Sie wartete zwei Tage und meldete ihn dann als vermisst.

Hamburg-Neugraben

Schüsse, Glockengeläut, Nachrichten,
NEUGRABEN

Endstation, kalter Wind, letzte Linie,
NEUGRABEN

Endlose Straßen, viel Verkehr, keine Ruhe,
NEUGRABEN

Einkaufszentrum, alle Nationen, Angst,
NEUGRABEN

Leben woanders, wenig Hoffnung, bleiben,
bleiben in NEUGRABEN.

Ausguss

Beim Abwasch entdeckte der Buchhalter P ein seltsames
Gebilde in seinem Ausguss.
Es sah aus wie eine Spinne, aber nur mit drei Beinen.
Es war tot, jedenfalls bewegte es sich nicht mehr.
P packte es in ein Haushaltstuch und schmiss es weg.

Zwei Tage später, warteten der Geschäftsführer und der
Abteilungsleiter der Firma X auf P.
Sie riefen bei ihm zu Hause an, aber niemand nahm ab.
Sie schickten den Werktätigen Y, einen Freund P's, zu
der Wohnung.

An der Wohnung P's angekommen, klingelte Y.
Es passierte nichts.
Er klopfte an die Scheiben, er rief, nichts geschah.
Y klingelte bei den Nachbarn und fragte was von Urlaub
oder Reise.
Die Nachbarn wussten nichts.
Y teilte alles dem Geschäftsführer mit. Der benachrich-
tigte die Polizei.
Einen Tag später erreichten die Beamten A und C die
Wohnung von P.
Sie klingelten und klopften und beauftragten einen
Schlüsseldienst, die Tür zu öffnen.
In der Wohnung roch es nach Fäulnis und Feldkartoffeln.
Als sie in die Küche eintraten, sahen sie einen verwesen-
den Körper, auf dem sich, wie auf einem Beet,

Kartoffelkeimlinge in die Haut des Verstorbenen einge-
bettet hatten.
Einige waren größer, einige kleiner.
Und dort, wo die Keimlinge noch nicht mit dem Körper
verwurzelt waren, lagen zuckende, seltsame Gebilde.
Sie sahen aus wie Spinnen mit drei Beinen.

Nachricht

Glatt, ohne Kante, ohne Griff, ohne Halt
die Nachricht

Tiefe nicht erwartet
aber auch nicht gewollt

Schnell, ohne Atem, ohne Stopp
nur benutzt

Roh, ohne Verarbeitung, ohne Feinheit
dem Konsumenten

in den Kopf geworfen

Aufgeraut

Raue Gedanken
treffen auf
weiche Seele
beständig
nach außen
in Form
doch verhärtend?

Zwischenwelten
weder hell noch dunkel
zerrissen
Veränderung und Neues
dennoch alt
aber suchend?

Gradlinig, getrieben
Anzeichen
selbst erschaffen
was kommt
was geht.
Zufrieden
nein, doch nicht.

Erinnerung an einen Kollegen

Theo steckt im Stau.

Durch die Windschutzscheibe seines Vordermannes sieht er die bekannte Silhouette eines Kollegen. Er sieht aus wie Rip. Doch Rip war gerade vor einer Woche gestorben.

Rotes Bremslicht drückt sich in Theos Augen.

Rip ist immer noch vor ihm. Leider kann er sein Gesicht nicht erkennen. Es ist eigentlich nicht möglich, Seelenwanderung vielleicht, was weiß man.

Die Beerdigung war ziemlich traurig gewesen, so traurig, dass sie allen Beteiligten an die Nieren ging. 200 Menschen waren dort gewesen, 200 gequälte Gesichter, denn Rip war gerade erst 23 Jahre jung.

In der Firma war er immer einer der Wenigen gewesen, die Spaß verstanden und auch selber welchen machten.

Gute Erinnerungen.

Langsam bewegt sich die Blechlawine weiter. Zwei Wagen vor Theo immer noch Rip.

Vor einer Ampel kommen die Wagen zum Stehen, Blinker rechts, Rips Silhouette biegt ab.

Theo versucht einen Blick zu werfen.

Er sieht das Seitenprofil, guckt noch einmal, er hätte es sein können, war es aber nicht.

Aufgerissen

Immer wieder aufgerissen
immer noch die Bilder
brennen
kein Blut
Seele.

Angst, Respekt, Stolz,
wie ein Straftäter
gefangen
kein Gitter
Psyche.

Neuanfang
Frieden ohne Kraft
Freiheit
kein Freuen
Sinn?

Vorfreude

Ruhe wird einkehren in den Stuben,
bei artigen Mädchen und Buben
wird ein Glitzern im Herzen sein.
Denn es bleibt schlicht zu erwarten,
dass in den Kemenaten
er bald wieder wird erschein'.

Auf den Bänken, auf den Tischen
fleißig Hände putzen, wischen
Staub und Unglück rasch hinfort.
In den Augen tränen Pupillen,
wenn sie sich glanzvoll füllen,
mit Vorfreude auf den heiligen Ort.

Dann hämmert es plötzlich an der Pforte,
er ist an keinem anderen Orte,
als heute Abend bei dir.
Kecke, kleine, feine Stimmen,
fangen gerade an zu sinnen,
lösen Gedanken aus bei mir.

Denke zurück an Kindertage,
immer mit der bangen Frage,
ist mein Herz zu Eis gefroren.
Kann ich mich freuen und auch staunen,
ohne mit mir selbst zu raunen,
bin als Kind noch nicht verloren.

Hindernis

Wer seid Ihr?
Ein Schreiber,
ein Dichterling,
gar ein Poet,
wer seid Ihr Wurm,
dass ich mich ansprecht.

Seht dort,
er mit seiner Laute,
sie mit den Trommeln,
das ist Kunst,
die das Volk anspricht,
seht wie sie tanzen.

Oder schaut,
das Spiel auf der Bühne,
wie das Leben
und doch so heiter,
die Züge in des
Schauspielers Gesicht,
das könnt Ihr doch gar nicht erbringen,
sei Eure Feder auch noch so scharf.

Eure Kunst ist anstrengend, ja schwer,
wenn sie wenigstens ein Lachen
bei den Menschen hervorrufen würde.

Aber Eure schweren Sagen,
Eure traurigen Gedichte,
so wie Ihr es nennt,
das lässt die Leute nur weinen.
Keiner will den Spiegel vorgehalten bekommen,
glaubt mir, mein Freund ...

und nun raus aus meiner Gaststube
oder wollt Ihr noch etwas verzehren?

Biografisches

Thomas Dunse, geboren 1965 in Pinneberg,
Mann, Vater, Stabsunteroffizier d.R., Bilanzbuchhalter.
Begann 1995 mit dem Schreiben, inspiriert durch Charles
Bukowski und dem täglichen Pendlerleben zwischen
Hamburg und Stade. Schreibt Lyrik und Prosa.
Veröffentlichungen in Anthologien und Literaturzeit-
schriften. Leiter der Autorengruppe „Gedichteküche"
in Stade von 1999 bis 2007.